Découvertes
Junior

Vokabellernheft

Ernst Klett Verlag
Stuttgart • Leipzig

Vorwort

Vokabeln lernen mit dem Vokabellernheft

Dieses Vokabellernheft im Taschenformat soll dich begleiten und dir dabei helfen, den Lernwortschatz von *Découvertes* zu wiederholen. Auch kannst du dich damit in Pausen oder im Bus auf Vokabeltests vorbereiten.
Am besten hast du beim Lernen immer einen Bleistift zur Hand. So kannst du Wörter markieren, die du schwierig oder seltsam findest.
Am Ende einer *Unité* gibt es jeweils einen Teil zum Hineinschreiben. Hier geht es darum, das Gelernte selbst zu ordnen und zu wiederholen. So kannst du die Wörter besser behalten.
Manchmal wirst du auch aufgefordert, etwas zu übersetzen. Deine Lösung kannst du nachprüfen: sieh ab Seite 46 nach.
Viele finden solche Wörtchen wie *devant, déjà* oder *puis* besonders schwierig. Deshalb wirst du immer mal wieder aufgefordert, diese „verflixten kleinen Wörter" aufzuschreiben, d.h. dich mit ihnen zu beschäftigen.
Manche Wörter kann man sich leichter merken, manche schwerer. Das ist ganz normal. Schreibe sie auf und wiederhole sie in regelmäßigen Abständen. So kannst du die besonders widerspenstigen Fälle in den Griff bekommen.
Notiere auch, welche Wörter du schön oder lustig findest!

Bon courage!

Dein *Découvertes*-Team

Unter **www.klett.de** kannst du Wörter anhören, wenn du den Code **b82w62** eingibst.

Unité 1 Bienvenue!

TIPP

Sprich die einzelnen Vokabeln beim Vokabellernen laut vor dich hin. Auf diese Weise prägst du sie dir besser ein.

	Bienvenue [bjɛ̃vny]	Willkommen!
A1	**Bonjour!** [bɔ̃ʒuʀ]	Guten Tag!
	Salut! *(fam.)* [saly]	Hallo/Grüß dich!
	je m'appelle [ʒəmapɛl]	ich heiße
	et [e]	und
	toi [twa]	du
	moi [mwa]	ich
	madame [madam]	Frau
	monsieur [məsjø]	Herr
A2	**Ça va?** [sava]	Wie geht's?
	oui [wi]	ja
	merci [mɛʀsi]	danke
	A plus! *(fam.)* [aplys]	Bis später!
	bien *(adv.)* [bjɛ̃]	gut *(Adv.)*
	Au revoir! [ɔʀvwaʀ]	Auf Wiedersehen!
	Salut! [saly]	Tschüs!
A3	**une chanson** [ynʃɑ̃sɔ̃]	ein Lied
	les amis! [lezami]	die Freunde!
	Venez! [vəne]	Kommt! *(Aufforderung)*
	à [a]	in, nach
	les copains *(fam.)* [lekɔpɛ̃]	der Freund
	à demain [adəmɛ̃]	bis morgen
A4	**un sac à dos** [ɛ̃sakado]	ein Rucksack
	un crayon [ɛ̃kʀɛjɔ̃]	ein Bleistift
	un feutre [ɛ̃føtʀ]	ein Filzstift
	une gomme [yngɔm]	ein Radiergummi
	un cahier [ɛ̃kaje]	ein Heft
	un stylo [ɛ̃stilo]	ein Füller/ein Kuli
	un classeur [ɛ̃klasœʀ]	ein Ordner

	une règle [ynʀɛgl]	ein Lineal
	un effaceur [ɛ̃nefasœʀ]	ein Tintenkiller
	un livre [ɛ̃livʀ]	ein Buch
	une trousse [yntʀus]	ein Mäppchen
A5	**en classe** [ɑ̃klas]	im Unterricht
A6	**la France** [lafʀɑ̃s]	Frankreich
B1	**dans la rue** [dɑ̃laʀy]	auf der Straße
	la Maison de la presse [lamɛzɔ̃dəlapʀɛs]	ein Zeitschriften- und Schreibwarengeschäft
	un bureau de poste [ɛ̃byʀodəpɔst]	ein Postamt
	une pharmacie [yfaʀmasi]	eine Apotheke
	un cinéma [ɛ̃sinema]	ein Kino
	une boulangerie [ynbulɑ̃ʒʀi]	eine Bäckerei
	une médiathèque [ynmedjatɛk]	eine Mediathek
	un café [ɛ̃kafe]	ein Café
	un parc [ɛ̃paʀk]	ein Park
	un restaurant [ɛ̃ʀɛstoʀɑ̃]	ein Restaurant
B4	**les bonbons** [lebɔ̃bɔ̃]	die Bonbons
	C'est bon! [sɛbɔ̃]	Das ist gut!
	un lapin [ɛ̃lapɛ̃]	ein Kaninchen
	un croissant [ɛ̃kʀasɑ̃]	ein Croissant
	un ballon [ɛ̃balɔ̃]	ein Ball
	un bonbon [ɛ̃bɔ̃bɔ̃]	ein Bonbon
	un volcan [ɛ̃vɔlkɑ̃]	ein Vulkan
	un chien [ɛ̃ʃjɛ̃]	ein Hund
	une main [ynmɛ̃]	eine Hand
	un éléphant [ɛ̃nelefɑ̃]	ein Elefant
	un enfant [ɛ̃nɑ̃fɑ̃]	ein Kind
	une maison [ynmɛzɔ̃]	ein Haus
	un gratin [ɛ̃gʀatɛ̃]	ein Auflauf *(Gericht)*
B5	**l'alphabet** [lalfabɛ]	das Alphabet
B7	**mon petit chat** [mɔ̃pətiʃa]	mein kleines Kätzchen
B9	**Bof!** [bɔf]	Na ja./Ach.
B10	**je suis** [ʒəsɥi]	ich bin

Toulouse [tuluz] Toulouse
Nice [nis] Nizza
voilà [vwala] da ist, da sind
de/d' [də] von, aus
elle est [ɛlɛ] sie ist

Die Zahlen von 0 bis 12

0	**zéro** [zeʀo]	5	**cinq** [sɛ̃k]	10	**dix** [dis]
1	**un** [ɛ̃]	6	**six** [sis]	11	**onze** [ɔ̃z]
2	**deux** [dœ]	7	**sept** [sɛt]	12	**douze** [duz]
3	**trois** [tʀwa]	8	**huit** [ɥit]		
4	**quatre** [katʀ]	9	**neuf** [nœf]		

1. Benenne die Gegenstände.

a) une ______________________

b) un ______________________

c) une ______________________

d) un ______________________

e) une ______________________

f) un ______________________

g) un ______________________

2. Finde die Wörter und schreibe sie auf.

________________________ à la maison de la presse.

_____________________________ à la boulangerie.

_______________________________ au restaurant.

______________________________ à la pharmacie.

________________________________ dans le parc.

Welches Wort passt nicht zum Ort?

____

3. Übersetze auf Französisch.

Deutsch	Französisch
ein Bonbon	un
ein Croissant	un
ein Vulkan	un
ein Elefant	un
die Post	la
ein Kino	un
ein Park	un
ein Café	un
eine Mediathek	une
ein Restaurant	un
ein Ball	un

Was beobachtest du?

Ich beobachte, dass ____________________________________

____.

4. Schreibe die richtigen Zahlen auf Französisch.

_______________ lapin.

_______________ éléphants.

_______________ crayons.

_______________ croissants.

_______________ chiens.

5. Kreuze die richtigen Antworten an.

1. Wie begrüßt du einen Lehrer?

☐ Bonjour, monsieur!

☐ Salut!

2. Wie fragst du Pierre, wie es ihm geht?

☐ Ça va?

☐ Oui, ça va.

3. Was sagt Pierre, wenn es ihm gut geht?

☐ Ça va, merci.

☐ Ça va mal.

6. Erstelle ein Vokabelnetz für „le sac à dos“. Finde mindestens fünf Wörter.

_______________ _______________

_______________ le sac à dos

_______________ _______________

Unité 2 Bonjour Paris!

TIPP

Un oder ***une***? Lerne die Nomen immer mit dem Artikel!
Du kannst die männlichen Nomen blau, die weiblichen Nomen rot markieren.

	Paris [paʀi]	Paris
A1	**Viens!** [vjɛ̃]	Komm! *(Aufforderung)*
	papa [papa]	Papa
	vite *(adv.)* [vit]	schnell! *(Adv.)*
	Miaou! [mjau]	Miau!
	Ouah, ouah! [wawa]	Wau, wau!
	C'est qui? [sɜki]	Wer ist das?
	S.P.A. [ɛspea]	die S.P.A (*Tierheim)*
	Attention! [atãsjɔ̃]	Achtung!/Vorsicht!
	non [nɔ̃]	nein
	Pardon! [paʀdɔ̃]	Entschuldigung!
	comment? [kɔmã]	wie? *(Fragewort)*
	Tu t'appelles comment? [tytapɛlkɔmã]	Wie heißt du?
	C'est [sɜ]	das ist
B1	**bizarre** [bizaʀ]	komisch, merkwürdig
	un chat [ɛ̃ʃa]	eine Katze
	mais [mɛ]	aber
	ici [isi]	hier, hierher
	tu es [tyɛ]	du bist
	aussi [osi]	auch
	super [sypɛʀ]	super/toll
	un garçon [ɛ̃gaʀsɔ̃]	ein Junge
	une fille [ynfij]	ein Mächen
	il est [ilɛ]	er ist
	fantastique [fãtastik]	fantastisch/toll
B4	**un copain/une copine** *(fam.)* [ɛ̃kɔpɛ̃/yunkɔpin]	ein Freund/eine Freundin
B5	**une dame** [yundam]	eine Dame, eine Frau

un monsieur [ɛ̃məsjø]	ein Herr, ein Mann
B6 **une bise** [ynbiz]	ein Kuss
pour [puʀ]	für
Quoi? [kwa]	Was?
Je pique une crise! *(fam.)* [ʒəpikynkʀiz]	Ich krieg die Krise!
Appelle la police! [apɛllapɔlis]	Ruf die Polizei!
pas de dessert [padədesɛʀ]	kein Nachtisch
dans le désert [dɑ̃ldezɛʀ]	in der Wüste
B8 **Strasbourg** [stʀasbuʀ]	Straßburg
Brest [bɛst]	Brest
C1 **les couleurs** [lekulœʀ]	die Farben
rouge [ʀug]	rot
bleu [blø]	blau
vert [vɛʀ]	grün
marron [maʀɔ̃]	braun
jaune [ʒon]	gelb
blanc [blɑ̃]	weiß
noir [nwaʀ]	schwarz
orange [ɔʀɑ̃ʒ]	orange
gris [gʀi]	grau
rose [ʀoz]	rosa

1. «Comment tu t'appelles?» Antworte auf die Frage.

Je m'appelle ______________________________.

2. Erstelle ein Vokabelnetz zum Sachfeld „les gens" (die Leute).

une d__________________ un m__________________

les gens

une f__________________ un g__________________

3. Ergänze den Dialog.

– Bonjour, ça va ______?

– Oui, ça va, merci ______!

– Je m'appelle ______ Elise, et toi?

– Moi, je m'appelle ______ Pierre.

– Tu es d ______ Paris?

– Non, je suis ______ de Toulouse.

– Bonjour le chien, tu ______ comment?

– C'est Choupette. Elle est aussi d ______ Paris.

4. Übersetze auf Französisch.

a) ein Hund un chien ______

b) komisch bizarre ______

c) eine Katze un chat ______

d) schnell ______

e) Entschuldigung! ______

f) ich/du (betont) ______

g) ein Freund *(fam.)* ______

5. Wie lautet das Gegenteil?

une fille ≠ ______

un monsieur ≠ ______

6. Kennst du dich mit Farben aus? Finde die richtige Farbe. Zeichne einen Gegenstand mit dieser Farbe.

a) noir + blanc = ____________________

b) bleu + jaune = ____________________

c) rouge + blanc = ____________________

d) rouge + jaune = ____________________

e) vert + rouge = ____________________

Unité 3 Copain, copine

TIPP

Lieber kurz, dafür aber öfter: Jeden Tag 10 Minuten lang Wörter lernen bringt mehr als einmal eine Stunde in der Woche.

un magasin [ɛ̃magazɛ̃]	ein Geschäft/Laden
un journal [ɛ̃ʒuʀnal]	eine Zeitung
une BD [ynbede]	ein Comic
une affiche [ynafiʃ]	ein Plakat/Poster
Qu'est-ce que c'est? [kɛskəse]	Was ist das?
à (Paris) [a(paʀi)]	in, nach (Paris)
une librairie-papeterie [ynlibʀɛʀipapetʀi]	eine Buch- und Schreibwaren-handlung
la Maison de la Presse [lamɛzɔ̃dəlapʀes]	das Maison de la Presse
A1 **avec** [avɛk]	mit
regarder qc [ʀəgaʀde]	etw. ansehen
parler [paʀle]	sprechen
arriver [aʀive]	(an)kommen
chercher qn/qc [ʃɛʀʃe]	jdn/etw. suchen
écouter qn/qc [ekute]	jdm zuhören/etw. anhören
trouver qn/qc [tʀuve]	jdn/etw. finden
travailler [tʀavaje]	arbeiten
porter qc [pɔʀte]	etw. tragen

	un carton [ɛ̃kaʀtɔ̃]	ein Karton
A2	**En rythme**	im Rythmus
A3	**dans** [dɑ̃]	in
	une rue [ynʀy]	eine Straße
	dans la rue [dɑ̃laʀy]	auf der Straße
	entrer [ɑ̃tʀe]	eintreten/hereinkommen
	Que fait Malabar? [kəfɛmalabaʀ]	Was macht Malabar?
	euh [ø]	äh
	là [la]	da/dort
	Chut! [ʃyt]	Pst!
	pour [puʀ]	für
	une école [ynekɔl]	eine Schule
	en vacances [ɑ̃vakɑ̃s]	in den Ferien
	Tiens! [tjɛ̃]	Sieh mal!/Schau auf!
	une grand-mère [yngʀɑ̃mɛʀ]	eine Großmutter
	il dit/elle dit [ildi/ɛldi]	er sagt/sie sagt
	un ami/une amie [ɛ̃nami/ynami]	ein Freund/eine Freundin
	Zut! [zyt]	Mist!/Verdammt!
	une catastrophe [ynkatastʀɔf]	eine Katastrophe
B3	**être** [ɛtʀ]	sein
	devant [dəvɑ̃]	vor *(örtlich)*
	habiter [abite]	wohnen
	rue Nollet [ʀynɔlɛ]	Name einer Straße
	où [u]	wo/wohin
	rue Truffaut [ʀytʀyfo]	Name einer Straße
	un t-shirt [ɛ̃tiʃœʀt]	ein T-Shirt
	aimer qn/qc [ɛme]	jdn/etw. lieben
	le rugby [ləʀygbi]	das Rugby
	le judo [ləʒydo]	das Judo
	Qu'est-ce que …? [kɛskə]	Was …?
	le sport [ləspɔʀ]	der Sport
	la musique [lamyzik]	die Musik
	un frère [ɛ̃fʀɛʀ]	ein Bruder
	une sœur [ynsœʀ]	eine Schwester

sympa [sɛ̃pa]	nett
détester qn/qc [detɛste]	jdn/etw. verabscheuen
ça [sa]	das
d'accord [dakɔʀ]	einverstanden, o.k.
alors [alɔʀ]	nun, jetzt, dann
B7 **le rock** [ləʀɔk]	Rock, die Rockmusik
le foot(ball) [ləfut(bɔl)]	der Fußball
un vélo [ɛ̃velo]	ein Fahrrad
la techno [latɛkno]	Techno *(Musikstil)*
le rap [ləʀap]	Rap *(Musikstil)*
la gym(nastique) [laʒim(nastik)]	das Turnen/die Gymnastik
une chanson [ynʃɑ̃sɔ̃]	ein Lied
classique [klasik]	klassisch

1. Beschreibe dich und deine Familie.

Je m'appelle Jorid.

Mon papa s'appelle Christian.

Ma maman s'appelle Mascha.

Nous habitons à Allmanic,

rue Heinrich-Heine.

Ma grand-mère s'appelle Inge

et elle habite à Spain.

2. Zeichne einen Kreis für die Sachen, die du magst (j'aime) **und ein Viereck für die Sachen, die du nicht magst** (je déteste).

la techno — la gymnastique — le foot

le vélo — le rap — le rock — le rugby

le judo — la musique classique

3. Erstelle ein Vokabelnetz zum Sachfeld „les activités" (die Hobbies).

____________________ ____________________

____________________ les activités

____________________ ____________________

4. Was macht die Maus? Ergänze die Sätze.

a) Elle ____________________ de la ____________________.

b) ____.

5. Gibt es Verben aus dem Lektionsvokabular, die dir besonders gefallen? Notiere sie.

____

____

Unité 4 Bon anniversaire, Léo!

TIPP Arbeite mit dem Bleistift: Unterstreiche Wörter, die du immer vergisst. Mache Kringel um die Verben.

	un anniversaire [ɛ̃nanivɛʀʀsɛʀ]	ein Geburtstag
	bientôt [bjɛ̃to]	bald
	Ah, bon? [abɔ̃]	Ach, ja?/Wirklich?
	un cadeau [ɛ̃kado]	ein Geschenck
	ensemble [ɑ̃sɑ̃bl]	gemeinsam/zusammen
	une idée [ynide]	eine Idee
	d'abord [dabɔʀ]	zuerst
	bien sûr [bjɛ̃syʀ]	Sicherlich! Na klar!
A2	**la FNAC** [lafnak]	die FNAC *(französischer Laden für Bücher, CDs, …)*
	une histoire [ynistwaʀ]	eine Geschichte
	ou [u]	oder
	un DVD [ɛ̃devede]	eine DVD
	un CD [ɛ̃sede]	eine CD
	il y a [ilja]	es gibt/es ist/es sind
	Qu'est-ce qu'il y a? [kɛskilja]	Was gibt es?
	des [de]	*Plural von un/une*
	un ordinateur [ɛ̃nɔʀdinatœʀ]	ein Computer
A3	**demain** [dəmɛ̃]	morgen
	Cologne [kɔlɔɲ]	Köln
	la France [lafʀɑ̃s]	Frankreich
	l'Allemagne [lalmaɲ]	Deutschland
	en Allemagne [ɑ̃nalmaɲ]	in Deutschland
	Allo? [alo]	Hallo? *(am Telefon)*
	un train [ɛ̃tʀɛ̃]	ein Zug
	ton/ta/tes [tɔ̃/ta/te]	dein/deine
	C'est dommage. [sɛdɔmaʒ]	Das ist schade.
	inviter qn [ɛ̃vite]	jdn einladen
	mon/ma/mes [mɔ̃/ma/me]	mein/meine

	à bientôt [abjɛ̃to]	bis bald
A5	**une famille** [ynfamij]	eine Familie
	une photo [ynfoto]	ein Foto
	maman [mamɑ̃]	Mama, Mutti
A6	**préparer** qc [pʀepaʀe]	etw. vorbereiten
	une bougie [ynbuʒi]	eine Kerze
	un gâteau/des gâteaux [ɛ̃gato/degato]	ein Kuchen/Kuchen
	plutôt [plyto]	eher
	ranger qc [ʀɑ̃ʒe]	etw. aufraümen
	une chambre [ynʃɑ̃bʀ]	ein (Schlaf)Zimmer
	s'il te plaît [siltəplɛ]	Bitte! *(wenn man jdn duzt)*
	aujourd'hui [oʒuʀdɥi]	heute
	maintenant [mɛ̃tnɑ̃]	jetzt
	C'est l'horreur! [sɛlɔʀœʀ]	Das ist der Horor!
	une affaire [ynafɛʀ]	eine Sache
	toujours [tuʒuʀ]	immer
A9	**un jeu/des jeux** [ɛ̃ʒø/deʒø]	ein Spiel/Spiele
	un jeu vidéo [ɛ̃ʒøvideo]	ein Computerspiel
	un fils [ɛ̃fis]	ein Sohn
	le père [ləpɛʀ]	der Vater
	la mère [lamɛʀ]	die Mutter
	les parents [lepaʀɑ̃]	die Eltern
	le frère [ləfʀɛʀ]	der Bruder
	la sœur [lasœʀ]	die Schwester
	l'oncle [lɔ̃kl]	der Onkel
	la tante [latɑ̃t]	die Tante
	le cousin/la cousine [ləkuzɛ̃/lakuzin]	der Cousin/die Cousine
	le grand-père [ləgʀɑ̃pɛʀ]	der Großvater
	la grand-mère [lagʀɑ̃mɛʀ]	die Großmuter
	les frères et sœurs [lefʀɛʀesœʀ]	die Gechwister
A15	**allemand** [almɑ̃]	deutsch/Deutsch
	français [fʀɑ̃sɛ]	französisch/Französisch
B1	**Ça alors!** [saalɔʀ]	Na, so was!/Unglaublich!

	avoir [avwaʀ]	haben
	son/sa/ses [sɔ̃/sa/se]	sein/seine; ihr/ihre
	avoir vingt-neuf ans [avwaʀvɛ̃tnœvɑ̃]	29 Jahre alt sein
B2	**un mois** [ɛ̃mwa]	ein Monat
	une année [ynane]	ein Jahr
	Quand? [kɑ̃]	Wann?
	le premier [ləpʀəmje]	der erste
B3	**chanter** [ʃɑ̃te]	singen
	puis [pɥi]	dann
	avoir faim [avwaʀfɛ̃]	Hunger haben
	manger qc [mɑ̃ʒe]	etw. essen
	souffler qc [sufle]	etw. ausblasen
	C'est ça? [sɛsa]	Stimmt's?
	encore [ɑ̃kɔʀ]	noch
	sur [syʀ]	auf/über
	Regarde! [ʀəgaʀd]	Sieh mal!
	une surprise [ynsyʀpriz]	eine Überrraschung
	un ticket [ɛ̃tikɛ]	eine Eintrittskarte
	un match [ɛ̃matʃ]	ein Spiel
	avoir envie de faire qc [avwaʀɑ̃vi]	Lust haben, etw. zu tun
B4	**une fête** [ynfɛt]	ein Fest/eine Party
	fêter [fɛte]	feiern
	l'âge [laʒ]	das Alter
	il s'appelle [ilsapɛl]	er heißt
	janvier [ʒɑ̃vje]	Januar
	février [fɛvʀije]	Februar
	mars [maʀs]	März
	avril [avʀil]	April
	mai [mɛ]	Mai
	juin [ʒɥɛ̃]	Juni
	juillet [ʒɥijɛ]	Juli
	août [ut]	August

septembre [sɛptɑ̃bʀ]	September
octobre [ɔktɔbʀ]	Oktober
novembre [nɔvɑ̃bʀ]	November
décembre [desɑ̃bʀ]	Dezember

1. Erstelle ein Vokabelnetz zum Sachfeld „Ma famille".

Ma famille

ma tante

mon oncle

mon père

ma mère

mon frère

ma sœur

2. Beantworte die Fragen.

– Ton anniversaire, c'est quand? ________________.

– Tu as quel âge? ~~Je dix ans~~ J'ai dix ans.

3. Die „verflixten" kleinen Wörter. Übersetze.

zuerst d'abord

heute ajourd'hui

morgen demain

jetzt maintament

oder ________________

bald bientôt

immer ________________

4. Schreibe die Wörter in die richtigen Kreise.

chat, chiens, filles, père, cousine, surprise, photo, ordinateur, idées

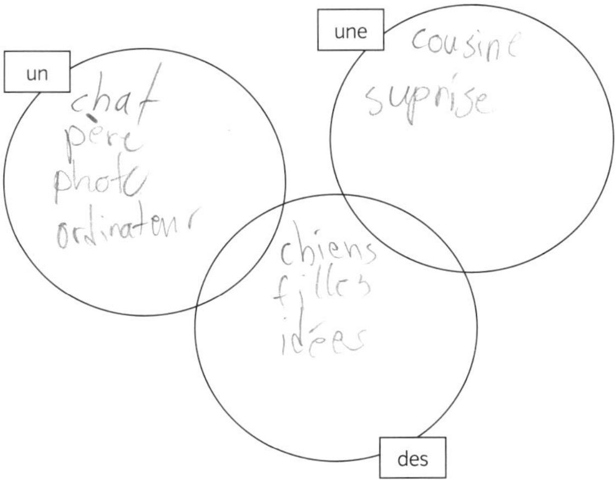

5. Suche aus dem Lektionsvokabular möglichst viele Wörter, die mit dem Endbuchstaben der angegebenen Wörter beginnen.

Beispiel: un ticke**t** → **t**on

un moi**s** → ______________________________

____

6. Suche vier Wörter aus dem Lektionsvokabular, die mit dem Laut [o] enden.

Beispiel: un gâteau / des gâteaux

____

____

7. **Wie heißen die Monate? Ergänze die fehlenden Buchstaben und übersetze die Wörter.**

janvier	Januar	Juin	Juni
Mars	März	septembre	September
février	Frebruar	avril	April
Mai	Mai	octobre	Oktober
decembre	Dezember	doût	August
novembre	November	juillet	Juli

Unité 5 Au collège Balzac

TIPP

Schreibe Wörter/Ausdrücke, die dir schwierig erscheinen, besonders deutlich auf und markiere die Schwierigkeiten.

un collège [ɛ̃kɔlɛʒ]	ein „Collège"
une cour [ynkuʀ]	ein (Schul-)Hof
un élève/une élève [ɛ̃nelɛv/ynelɛv]	ein Schuler/eine Schülerin
jouer [ʒue]	spielen
un cours [ɛ̃kuʀ]	eine Unterrichsstunde
être en retard [ɛtʀɑ̃ʀtaʀ]	zu spät kommen
un CDI [ɛ̃sedei]	ein „CDI" *(die Bibliothek)*
une cantine [ynkɑ̃tin]	eine Kantine
une infirmerie [ynɛ̃fiʀməʀi]	eine Krankenstation
Aïe! [aj]	Aua!
un pied [ɛ̃pje]	ein Fuß
A1 **une journée** [ynʒuʀne]	ein Tag
une heure [ynœʀ]	eine Stunde
sept heures [sɛtœʀ]	sieben Uhr

	un lit [ɛ̃li]	ein Bett
	sept heures et demie [sɛtœʀedmi]	halb acht
	les toilettes *(f.pl.)* [letwalɛt]	die Toilette
	huit heures et quart [ɥitœʀekaʀ]	Viertel nach acht
	midi [midi]	zwölf Uhr (mittags)
	commencer [kɔmɑ̃se]	anfangen/beginnen
	après [apʀɛ]	nach/danach
	rentrer [ʀɑ̃tʀe]	nach Hause gehen
	six heures moins le quart [sizœʀmwɛ̃lkaʀ]	Viertel von sechs
	chez qn [ʃe]	bei jdm
	la télévision [latelevizjɔ̃]	das Fernsehen
A2	**Quelle heure est-il?** [kɛlœʀetil]	Wie viel Uhr?/Wie spät ist es?
	à quelle heure [akɛlœʀ]	um wie viel Uhr
	de ... à [dəa]	von ... bis
A3	**une clé** [ynkle]	ein Schlüssel
	lundi [lɛ̃di]	Montag
	aller [ale]	gehen/fahren
	ne ... pas [nəpa]	nicht
	la 6^eA [lasizjɛma]	die Klasse 6A
	une minute [ynminyt]	eine Minute
	un professeur/une professeure [ɛ̃/ynpʀofɛsœʀ]	ein Lehrer/eine Lehrerin
	sous [su]	unter
	une salle de cours [ynsaldəkuʀ]	ein Klassenraum
	Excusez-moi. [ɛkskysemwa]	Entschuldigen Sie.
	une place [ynplas]	ein Platz
	Ecoutez-bien! [ekutebjɛ̃]	Hört gut zu!
A5	**la récréation** [laʀekʀeasjɔ̃]	die Pause
	retrouver qn/qc [ʀətʀuve]	etw./jdm wiederfinden
	en 6e B [ɑ̃sizjɛmbe]	in der 6B
	raconter qc [ʀɑ̃kɔ̃tʀe]	etw. erzählen
	Il/Elle est à qui? [iletaki/ɛletaki]	Wem gehört er/sie/es?
	Je ne sais pas. [ʒənəsɛpa]	Ich weiß nicht.

	Ce ne sont pas mes affaires. [sənəsõpamezafɛʀ]	Das sind nicht meine Sache.
	discuter (de qc) [diskyte]	(über etw.) diskutieren/ sich (über etw.) unterhalten
	les jours de la semaine	die Wochentage
	lundi [lɛ̃di]	Montag
	mardi [maʀdi]	Dienstag
	mercredi [mɛʀkrədi]	Mittwoch
	jeudi [ʒødi]	Donnerstag
	vendredi [vɑ̃dʀədi]	Freitag
	samedi [samdi]	Samstag
	dimanche [dimɑ̃ʃ]	Sonntag
B1	**le temps** [lətɑ̃]	die Zeit
	l'emploi (*m.*) **du temps** [lɑ̃plwadytɑ̃]	der Stundenplan
B3	**rêver** [ʀɛve]	traumen
	cool *(fam.)* [kul]	cool
	cliquer [klike]	klicken
	notre/nos [nɔtʀ/no]	unser/unsere
	votre/vos [vɔtʀ/vo]	euer/eure; Ihr/Ihre
	leur/leurs [lœʀ/lœʀ]	ihr/ihre
	une interro(gation) [ynɛ̃teʀo(gajɔ̃)]	eine Klassenarbeit
	une classe [ynklas]	eine Klasse
	quelque chose [kɛlkəʃoz]	etwas
	un sac [ɛ̃sak]	eine Tasche
	faire qc [fɛʀ]	etw. machen
	une copie [ynkɔpi]	eine Kopie
	un exercice [ɛ̃nɛgzɛʀsis]	eine Übung
	si [si]	doch
	comme ça [kɔmsa]	so/auf diese Weise
	comme [kɔm]	wie
	avoir raison [avwaʀʀɛzɔ̃]	recht haben
	les devoirs [ledəvwaʀ]	die Hausaufgaben
B4	**une partie** [ynpaʀti]	ein Teil
	un titre [ɛ̃titʀ]	ein Titel

	la fin [lafɛ̃]	das Ende/der Schluss
B5	**un mot** [ɛ̃mo]	ein Wort
	un gymnase [ɛ̃ʒimnaz]	eine Turnhalle
B9	**derrière** [dɛʀjɛʀ]	hinter
	sur [syʀ]	auf
	sous [su]	unter
	dans [dɑ̃]	in
	devant [dəvɑ̃]	vor

1. Ergänze den Dialog.

– Salut! Le ______________ d'allemand commence à quelle heure?

– A huit ______________.

– Tu ______________ en 6ᵉA?

– ______________ je suis en __________ B.

– Qu'est-ce qu'il y a à la ______________, aujourd'hui?

– ______________ du poulet (Hähnchen) et des frites (Pommes).

– Qu'est-ce que tu ______________ après la cantine?

– Je travaille, au __________. J'ai une ______________ demain!

– On fait nos ______________ ensemble?

– D'accord. Salut!

2. Wo befindet sich Moustique? Finde die passende Präposition.

b) ______________

a) ______________

c) ______________

e) ______________

d) ______________

3. Gib die Uhrzeiten an.

a) Il est minuit

b) Il est deux heures moins le quart.

c) Il est une heure et le quart.

d) Il est une heures et dem

e) Il est six heures.

4. Erstelle ein Vokabelnetz für „le collège". Finde mindestens sieben Wörter.

le collège

une cour

un cours

5. **Wie heißen die Wochentage? Ergänze die fehlenden Buchstaben und übersetze die Wörter.**

m__rd__	______________	l__n__i	______________
j__u__i	______________	__er__re__i	______________
s__m__di	______________	d__ma__c__e	______________
v__nd__ed__	______________		

6. **Schreibe auf, an welchem Tag dein Französischunterricht stattfindet.**

____

Unité 6 Un samedi dans le quartier

TIPP

Wiederhole deine Vokabeln regelmäßig. Wähle dafür einen festen Zeitpunkt am Tage aus, z. B. morgens an der Bushaltestelle.

beaucoup [boku]	viel
un quartier [ɛ̃kaʀtje]	ein Stadtviertel
le/la dix-septième [lə/ladisɛtjɛm]	der/die/das siebzehnte
un arrondissement [ɛ̃naʀɔ̃dismɑ̃]	ein Arrondissement
le roller [ləʀɔlœʀ]	das Inlinerfahren
une avenue [ynavny]	eine Straße
une activité [ynaktivite]	eine Freizeit Beschäftigung
tout le monde [tulmɔ̃d]	alle/jeder
un stand [ɛ̃stɑ̃d]	ein Stand, eine Bude
une crêpe [ynkʀɛp]	eine Crêpe
A1 **un taxi** [ɛ̃taksi]	ein Taxi
aller faire [alefɛʀ]	etw. tun werden
passer qc [pase]	etw. verbringen

	la nuit [lanɥi]	die Nacht
	une entrée [ynɑ̃tʀe]	ein Eingang
	le soir [ləsvwaʀ]	der Abend
	ce soir [səsvwaʀ]	heute Abend
	un jour [ɛ̃ʒuʀ]	ein Tag
	A plus, ma puce! [aplysmapys]	Bis später, mein Kleines!
	une voiture [ynvwɑtyʀ]	ein Auto
	en voiture [ɑ̃vwɑtyʀ]	mit dem Auto
	loin *(adv.)* [lwɛ̃]	weit *(Adv.)*
	à pied [apje]	zu Fuß
A2	**téléphoner** à qn [telefɔne]	mit jdm telefonieren
A4	**content/contente** [kɔ̃tɑ̃/kɔ̃tɑ̃t]	zufrieden
	bon/bonne [bɔ̃/bɔn]	gut
	un os/des os [ɛ̃nɔs/dezo]	ein Kochen/Knochen
	un appartement [ɛ̃napaʀtəmɑ̃]	eine Wohnung
	une pièce [ynpjɛs]	ein Zimmer
	une salle de bains [ynsaldəbɛ̃]	ein Badezimmer
	une cuisine [ynkɥizin]	eine Küche
	un salon [ɛ̃salɔ̃]	ein Wohnzimmer
	quitter qc [kite]	etw. verlassen
	un tour [ɛ̃tuʀ]	eine Tour, ein Rundgang
	une table [yntabl]	ein Tisch
	un repas [ɛ̃ʀəpa]	ein Essen/ein Mahlzeit
	tous/toutes [tu/tut]	alle
	le samedi [ləsamdi]	samstags
	l'après-midi *(m.)* [lapəʀɛmidi]	der Nachmittag
	faire du judo [fɛʀdyʒydo]	Judo machen
	un combat [ɛ̃kɔ̃ba]	un combat
	le matin [ləmatɛ̃]	der Morgen
	prendre qc [pʀɑ̃dʀ]	etw. nehmen
	le petit déjeuner [ləp(ə)tideʒœne]	das Frühstück
	l'athlétisme *(m.)* [latletism]	die Leichtathletik
	Ecoute! [ekut]	Hör zu!
	le bruit [ləbʀɥi]	das Geräusch/der Lärm

	peut-être [pøtɛtʀ]	vielleicht
	un voleur [ɛ̃vɔlœʀ]	ein Dieb
	la peur [lapœʀ]	die Angst
	par [paʀ]	durch
	une porte [ɛ̃npɔʀt]	eine Tür
	déjà [deʒa]	schon
	tard [taʀ]	spät
	des spaghettis *(m.pl)* [despagɛti]	Spaghetti
	minuit *(m.)* [minɥi]	Mitternacht/12 Uhr Nacht
	adorer qn/qc [adɔʀe]	jdn/etw. sehr gern mögen
A7	**la natation** [lanatasjɔ̃]	das Schwimmen
	la danse [ladɑ̃s]	der Tanz/das Tanzen
	le théâtre [ləteatʀ]	das Theater
	une guitare [yngitaʀ]	eine Gitarre
A8	**comme** [kɔm]	als
B1	**à droite** [adʀwat]	(nach) rechts
	à gauche [agoʃ]	(nach) links
	tout droit [tudʀwa]	geradeaus
	traverser qc [tʀavɛʀse]	etw. überqueren
	tourner [tuʀne]	drehen/abbiegen
	un carrefour [ɛ̃kaʀfuʀ]	eine Kreuzung
B3	**pour faire** qc [puʀfɛʀ]	um etw. zu tun
	Vous pouvez répéter, s'il vous plaît? [vupuveʀepetesilvuplɛ]	Können Sie bitte wiederholen?
	la poste [lapɔst]	die Post
	une piscine [ynpisin]	ein Schwimmbad
B2	**C'est gagné!** [segaɲe]	Gewonnen!
	gagner [gaɲe]	gewinnen
	même [mɛm]	sogar
	contre [kɔ̃tʀ]	gegen
	vraiment [vʀɛmɑ̃]	wirklich
	poser qc [poze]	etw. setzen/stellen/legen
	une question [ynkɛstjɔ̃]	eine Frage
	une interview [ynɛ̃tɛʀvju]	ein Interview

	est-ce que [ɛskə]	*Frageformel*
	Comment est-ce que...? [kɔmãɛskə]	Wie ...?
	pourquoi? [puʀkwa]	warum?
	parce que [paʀskə]	weil
	tomber [tɔ̃be]	fallen
	faire mal [fɛʀmal]	weh tun
	trop [tʀo]	zu viel/zu sehr
	nul [nyl]	blöd
	C'est trop nul! *(fam.)* [setʀonyl]	Das ist zu blöd! *(ugs.)*
	Fais attention! [fɛ(z)atɔ̃sjɔ̃]	Pass auf!/Vorsicht!
C1	**un portable** [ɛ̃pɔʀtabl]	ein Handy
	un SMS [ɛ̃ɛsɛmɛs]	eine SMS
	un film [ɛ̃film]	ein Film
	avoir soif [avwaʀswaf]	Durst haben
	prendre qc [pʀɑ̃dʀ]	etw. nehmen/*hier*: essen
	une gaufre [yngofʀ]	eine Waffel
	je voudrais ... [ʒəvudʀɛ]	ich möchte gerne...
	Ça coûte combien? [sakutkɔ̃bjɛ̃]	Wie viel kostet das?
	un euro/des euros [ɛ̃nœʀo]	ein Euro/Euros
	un cent/centime [ɛ̃sɛnt/sɑ̃tim]	ein Cent
	un vendeur/une vendeuse [ɛ̃vɑ̃dœʀ/ynvɑ̃døz]	ein Verkäufer/eine Verkäuferin
	un coca [ɛ̃kɔka]	eine Cola
	une eau minérale [ynomineʀal]	eine Mineralwasser
	un jus de pomme [ɛ̃ʒydpɔm]	ein Apfelsaft
	un jus d'orange [ɛ̃ʒydɔʀɑ̃ʒ]	eine Orange
	un diabolo menthe [ɛ̃djabɔlomɑ̃t]	ein Diabolo Menthe
	Ça fait ... [safɛ]	Das macht/Das kostet
C5	**à la vanille** [alavnij]	mit Vanillegeschmack
	Bon appétit! [bɔnapeti]	Guten Appetit!
C6	**un client/une cliente** [ɛ̃klijɑ̃/ynklijɑ̃t]	ein Kunde/eine Kundin
	Bonne journée! [bɔnʒuʀne]	Einen schönen Tag!

1. Was magst du essen und trinken? Kreise mit Rot ein, was du magst.

une gaufre
une crêpe
un jus de pomme
un coca
un diabolo menthe
une eau minérale
un jus d'orange

2. Erstelle ein Vokabelnetz zum Sachfeld „Mon appartement" (Meine Wohnung).

mon appartement

l'________________

la ________________

ma ________________

le ________________

la salle à manger

la ________________ de mes parents

les ________________

3. Vervollständige die Sätze mit den fehlenden Wörtern, die fett markiert sind.

a) **Nachmittags mache** ich Judo.

________________ je ________________ du judo.

b) Ich habe **Durst**, ich **möchte** gern einen **Apfelsaft**.

J'ai ____________, je ____________ bien ________________.

c) **Wie** gehst du **zum Schwimmbad?**

________________ est-ce que tu vas ________________?

d) Ich **gehe** immer **zu Fuß**.

Je ________________ toujours ________________.

e) Wo **wohnst** du? In **einem Haus** oder in **einer Wohnung**?

Où est-ce que tu ________________? Dans ________________

ou ________________?

4. Erstelle ein Vokabelnetz zum Sachfeld „mes activités“ (Meine Hobbies).

Je fais de la ____________________

Je fais de la ____________________

Je fais du ____________________

Je fais du ____________________

Mes activités

J'écoute des ____________________

Je joue au ____________________

Je regarde ____________________

Je joue de la ____________________

5. Wie lautet das Gegenteil?

la journée	≠	____________________
à droite	≠	____________________
le matin	≠	____________________
une réponse	≠	____________________
un client	≠	____________________
C'est trop bien!	≠	____________________

Unité 7 On va à la fête!

TIPP

Verbilde in deinem Kopf die Vokabeln – wenn immer es möglich ist – mit einem Bild. z. B. un cadeau

une fête nationale [ynfɛtnasjɔnal]	ein Nationalfeiertag
grand/grande [gʀɑ̃/ɑ̃gʀɑ̃d]	groß
un feu/des feux [ɛ̃fø/defø]	ein Feuer/Feuer *(Plural)*
la tour Eiffel [latuʀefɛl]	der Eiffelturm
les gens [leʒɑ̃]	die Leute
un bal [ɛ̃bal]	ein Ball

	danser [dɑ̃se]	tanzen
A1	**le TGV** [ləteʒeve]	der TGV
	une personne [ynpɛʀsɔn]	eine Person
A2	**l'arrivée** [laʀive]	die Ankunft
	hier [jɛʀ]	gestern
	un truc *(fam.)* [ɛ̃tʀyk]	eine Sache, ein Ding
	aller chercher [aleʃɛʀʃe]	jemanden abholen
	une gare [yngaʀ]	ein Bahnhof
	rester [ʀɛste]	bleiben
	un problème [ɛ̃pʀɔblɛm]	ein Problem
	un contrôleur/une contrôleuse [ɛ̃kõtrolœʀ/ynkõtʀoløz]	ein Schaffner/eine Schaffnerin
	Ouf! [uf]	Uff!
	Quelle chance! [kɛlʃɑ̃s]	Ein Glück!/Zum Glück!
	un journal/des journaux [ɛ̃ʒuʀnal/deʒuʀno]	eine Zeitung/ *Hier:* ein Tagebuch
	dernier/dernière [dɛʀnje/dɛʀnjɛʀ]	letzter/letzte/letztes
	triste/triste [tʀist]	traurig
	intéressant/intéressante [ɛ̃teʀɛsɑ̃/ɛ̃teʀɛsɑ̃t]	interessant
	petit/petite [pəti/pətit]	klein
	très [tʀɛ]	sehr
	enfin [ɑ̃fɛ̃]	schließlich/endlich
	un chanteur/une chanteuse [ɛ̃ʃɑ̃tœʀ/ynʃɑ̃tøz]	ein Sänger/eine Sängerin
	oublier qc [ublije]	etw. vergessen
	un dessin [ɛ̃dəsɛ̃]	eine Zeichnung
	une robe [ynʀɔb]	ein Kleid
	un pantalon [ɛ̃pɑ̃talɔ̃]	eine Hose
	un chapeau [ɛ̃ʃapo]	ein Hut
	joli/jolie [ʒɔli]	hübsch/nett
	long/longue [lɔ̃/lɔ̃g]	lang
	blanc/blanche [blɑ̃/blɑ̃ʃ]	weiß
B1	**avant** [avɑ̃]	vor

mettre qc [mɛtʀ]	etw. legen/setzen/stellen
rencontrer qn [ʀɑ̃kɔ̃tʀe]	jdn treffen/jdm begegnen
donner qc à qn [dɔne]	jdm etw. geben
mauvais/mauvaise [movɛ/movɛz]	schlecht
rigoler [ʀigɔle]	Spaß haben; lachen
montrer qc à qn [mɔ̃tʀe]	jdm etw. zeigen
entre [ɑ̃tʀ]	zwischen
aider qn [ɛde]	jdm helfen
parler à qn [paʀle]	mit jdm sprechen
autre/autre [otʀ]	anderer/andere/anderes
B8 **un courriel/un mail** *(fam.)* [ɛ̃kuʀjɛl/ɛ̃mɛl]	eine E-Mail
Cher .../Chère ... [ʃɛʀ/ʃɛʀ]	Lieber ... / Liebe ...
une couleur [ynkulœʀ]	eine Farbe
surtout [syʀtu]	vor allem
bleu/bleue [blø]	blau
rouge/rouge [ʀuʒ]	rot
jaune/jaune [ʒon]	gelb
un bisou [ɛ̃bizu]	ein Kuss, ein Küsschen
une casquette [ynkaskɛt]	eine Kappe
un vêtement [ɛ̃vɛtmɑ̃]	ein Kleidungsstück
un jean [ɛ̃dʒin]	eine Jeans
une basket [ynbaskɛt]	ein Turnschuh
une jupe [ynʒyp]	ein Rock
un anorak [ɛ̃nanɔʀak]	ein Anorak
une chemise [ynʃəmiz]	ein Hemd
une veste [ynvɛst]	eine Jacke
une chaussure [ynʃosyʀ]	ein Schuh
un pull [ɛ̃pyl]	ein Pulli
noir/noire [nwaʀ]	schwarz

1. Erstelle ein Vokabelnetz zum Sachfeld „la fête" (das Fest).
Finde fünf Wörter.

____

______________________ ______________________

la fête

______________________ ______________________

2. Was ist deine Lieblingskleidung? Kreise mit Rot ein, was dir gefällt.

une jupe
un pantalon
une casquette
une chemise
un jean
un t-shirt
un anorak
une robe

3. Welche Farben magst du am liebsten und welche findest du hässlich? Nenne sie auf Französisch.

____

4. Lies den geheimnisvollen Text. Versuche anhand der vorgegebenen Zahlen vier Sätze zu entziffern. 4-3-2-1 los!

C'est[1] Nous[3] des[4] la[3] Je[2] l'anniversaire[1] et[4] fais[2] de[3] avec[2] musique[3] a préparé[4] mon[1] fête[2] un[4] copains[2] gâteau[4] dansons,[3] cocas[4]. faisons[3] et[3] mes[2] Maman[4] chantons,[3] la[2] copain[1] de[1]

a) ____.

b) ____.

c) ____.

d) ____.

Lerne den Text auswendig.

5. **Wie lautet das Gegenteil? Gib es in der femininen und maskulinen Form an.**

		Masculin	Féminin
premier	≠	______	______
content	≠	______	______
grand	≠	______	______
bon	≠	______	______

6. **Sammle alle Verben aus dem Lektionsvokabular, die auf -er enden.**

______

______

Unité 8 P comme ... Paris!

TIPP

Sprich „schwierige" Wörter beim Lernen mehrmals aus:
mal laut, mal leise, mal langsam, mal schnell. Auch morgens an der Bushaltestelle! Das hilft dir, sie zu behalten.

beaucoup de [bokudə]	viel(e)
un touriste/une touriste [ɛ̃tuʀist/ynturist]	ein Tourist/eine Touristin
visiter qc [visite]	etw. besichtigen
une carte postale [ynkaʀtpɔtal]	eine Postkarte
un reportage [ɛ̃ʀəpɔʀtaʒ]	eine Reportage
reconnaître [ʀəkɔnɛtʀ]	etw. erkennen
un monument [ɛ̃mɔnymɑ̃]	ein Monument
une cathédrale [ynkatedʀal]	eine Kathedrale
moderne [mɔdɛʀn]	modern
un musée [ɛ̃myse]	ein Museum
une semaine [ysəmɛn]	eine Woche

A1

	un assistant/une assistante [ɛ̃nasistɑ̃/ynasistɑ̃t]	ein Assistent/eine Assistentin
	un endroit [ɛ̃nɑ̃dʀwa]	ein Ort/eine Stelle
	une ville [ynvil]	eine Stadt
A2	**En route!** [ɛ̃ʀut]	Auf geht's!/Los geht's!
	vrai/vraie [vʀɛ]	wahr/richtig/echt
	un parc d'attractions [ɛ̃paʀkdatʀaksjɔ̃]	ein Freizeitpark/ ein Erlebnispark
	un lecteur/une lectrice [ɛ̃lɛktœʀ/ynlɛktʀis]	ein Leser/eine Leserin
	un bus [ɛ̃bys]	ein Bus
	une station [ynstsjɔ̃]	eine Station/eine Haltestelle
	le métro [ləmetʀo]	die Metro/die U-Bahn
	un million [ɛ̃miljɔ̃]	eine Million
	un kilomètre [ɛ̃kilɔmɛtʀ]	ein Kilometer
	un peu [ɛ̃pø]	ein wenig
	tôt *(adv.)* [to]	früh *(Adv.)*
	fatigué/fatiguée [fatige]	müde
	par jour [paʀʒuʀ]	pro Tag/täglich
	un moyen de transport [ɛ̃mwajɛ̃dətʀɑ̃spɔʀ]	ein Verkehrsmittel
A5	**en train** [ɑ̃tʀɛ̃]	mit dem Zug
	écologique [ekɔlɔʒik]	umweltfreundlich
A7	**un avion** [ɛ̃navjɔ̃]	ein Flugzeug
	un bateau/des bateaux [ɛ̃bato/debato]	ein Schiff/Schiffe
A9	**un escargot** [ɛ̃nəskaʀgo]	eine Schnecke
	une mairie [ɛ̃nmɛʀi]	ein Rathaus
	au Nord de [onɔʀdə]	im Norden von
	au Sud de [osyddə]	im Süden von
	la rive droite/la rive gauche [laʀivdʀwt/laʀivgoʃ]	das rechte Ufer/das linke Ufer
	se trouver [sətʀve]	sich befinden
	un centre [ɛ̃sɑ̃tʀ]	ein Zentrum

B1	**Il fait beau.** [ilfɛbo]	Es ist schönes Wetter.
	chaud/chaude [ʃo/ʃod]	warm/heiß
	Il fait chaud. [ilfɛʃo]	Es ist warm/heiß.
	la vue [lɑvy]	die Aussicht
	une boutique [ybutik]	ein Ladengeschäft
	un souvenir [ɛ̃suvniʀ]	eine Erinnerung
	un bureau [ɛ̃byʀo]	ein Büro/ein Schreibtisch
	écrire qc à qn [ekʀiʀ]	jdm etw. schreiben
	le vent [ləvɑ̃]	der Wind
	Il y a du vent. [iljadyvɑ̃]	Es ist windig.
	un moment [ɛ̃mɔmɑ̃]	ein Moment
	en bas [ɛ̃ba]	unten
B3	**le soleil** [lesɔlɛj]	die Sonne
	la météo [lameteo]	das Wetterbericht
	le temps [lətɑ̃]	das Wetter
	Quel temps fait-il? [kɛltɑ̃fɛtil]	Wie ist das Wetter?
	froid/froide [fʀwa/fʀwad]	kalt
	Il fait froid. [ilfɛfʀwa]	Es ist kalt.
	Il fait mauvais (temps). [ilfɛmɔvɛtɑ̃]	Es ist schlechtes Wetter.
	pleuvoir [pləvwaʀ]	regnen
	Il pleut. [ilplø]	Es regnet.
	neiger [nɛʒe]	schneien
B5	**lire** qc/qc à qn [liʀ]	etw. lesen/jdm etw. lesen
	seulement [sœlmɑ̃]	nur
	une explication [ynɛksplikasjɔ̃]	eine Erklärung
C1	**un grand huit** [ɛ̃gʀɑ̃ɥit]	eine Achterbahn
	ne … rien [nəʀjɛ̃]	nichts
	Internet *(m.)* [ɛ̃tɛʀnɛt]	das Internet
	sur Internet [syʀɛ̃tɛʀnɛt]	im Internet
	une information [ynɛ̃fɔʀmasjɔ̃]	eine Information
	une liste [ynlist]	eine Liste
	pratique [pʀatik]	praktisch
	une réponse [yʀepɔ̃s]	eine Antwort
	il/elle/on peut [il/ɛl/ɔ̃pø]	er, sie, man kann

la queue [lakø]	die (Menschen)Schlange
énorme [enɔʀm]	riesig
une caisse [ynkɛs]	eine Kasse
acheter qc [aʃte]	etw. kaufen
ne ... pas de [nə ... padə]	kein/keine
une attraction [ynatʀaksjɔ̃]	eine Attraktion
gratuit/gratuite [gʀatɥi/gʀatɥit]	gratis, kostenlos
avoir mal au cœur [avwaʀmalɔkœʀ]	schlecht sein
boire qc [bwaʀ]	etw. trinken
une boisson [ynbwasɔ̃]	ein Getränk
là-bas [laba]	dort
mieux [mjø]	besser
désirer [deziʀe]	wünschen
(je suis) désolé/désolée [dezole]	es tut mir leid
ne ... plus [nə ... ply]	nicht mehr
ne ... plus de [nə ... plydə]	kein/keine mehr
un peu de [ɛ̃pødə]	ein bisschen
un orangina [ɛ̃nɔʀɑ̃ʒina]	eine Orangenlimonade
un jeune homme [ɛ̃jœnɔm]	ein junger Mann
au total [ototal]	zusammen, insgesamt
cher/chère [ʃɛʀ/ʃɛʀ]	teuer
C4 **pas de problème** [pa(d)əpʀɔblɛm]	kein Problem
le sucre [ləsykʀ]	der Zucker

1. Schreibe die Postkarte auf Französisch.

Hallo, liebe Omi!
Ich bin in Paris.
Das Wetter ist schön. Es ist warm.
Ich habe den Eiffelturm besichtigt. Es ist super!
Die „Champs Elysées" sind fantastisch!
Aber Paris ist teuer!
Bis bald,
Küsschen
Eric

Chère mamie,

____

____

____

____

____

____

____

2. Wie lautet das Gegenteil? Gib es in der femininen und maskulinen Form an, wenn möglich.

		Masculin	Féminin
cher	≠	____________	____________
chaud	≠	____________	____________
faux	≠	____________	____________
au nord de	≠	____________	
peu de	≠	____________	

3. Wie heißen die Wörter? Ergänze die fehlenden Buchstaben und übersetze die Wörter.

une __nf__r__a__ti__n ____________________

une ex__l__cat__o__ ____________________

une b__ut__q__e ____________________

4. Ergänze den Dialog.

- Bonjour, madame!

- ____________________, vous désirez?

- Je cherche ____________________ de Paris.

- Oui, nous avons par exemple une petite tour ____________________.

- Ça ____________________ combien?

- Elle coûte dix ______________ et (50) ______________ cents.

- Dommage, c'est trop ____________________.

- Et le petit Arc de ____________________?

- Il coûte (6) ____________________ euros.

- D'accord, voilà six ____________________.

- Merci, monsieur et au ____________________.

- ____________________, madame.

5. «Quel temps fait-il?» Wie ist das Wetter?

a) Il fait ____________________________.

b) Il fait ____________________________.

c) Il fait ____________________________.

d) Il fait ____________________________.

e) Il ________________________________.

f) Il ________________________________.

g) Il ________________________________.

Unité 9 C'est les vacances!

TIPP

Lerne oder wiederhole jeden Tag zehn Vokabeln mündlich und schriftlich. Schreibe die Vokabeln, die du dir nicht merken kannst, auf ein Blatt oder auf Karteikarten. Wiederhole sie am nächsten Tag.

l'été *(m.)* [lete]	der Sommer
une plage [ynplaʒ]	ein Strand
la Suisse [lasɥis]	die Schweiz
un pont [ɛ̃pɔ̃]	eine Brücke
l'Ile de Ré [lildəʀe]	die Ile de Ré *(Insel in Südwest-frankreich)*
la Cité de Carcassonne [lasitedəkaʀkasɔn]	die Altstadt von Carcassonne *(Stadt im Süden Frankreichs)*

Station 1

une lettre [ynlɛtʀ]	ein Brief
une randonnée [ynrãdɔne]	eine Wanderung
les Alpes [lezalp]	die Alpen
le Mont-Blanc [ləmɔ̃blã]	der Mont-Blanc
marcher [maʀʃe]	gehen, laufen
une montagne [ynmɔ̃taɲ]	ein Berg
tout à coup [tutaku]	plötzlich
une vache [ynvaʃ]	eine Kuh
a eu ... [ay]	hat ... gehabt
depuis [dəpɥi]	seit
au bord de qc [obɔʀdə]	am Rand von etwas
un lac [ɛ̃lak]	ein See
beau/bel/belle [bo/bɛl/bɛl]	schön
louer qc [lue]	etw. leihen/mieten
faire le tour de qc [fɛʀlətuʀdə]	um etw. herumfahren
nouveau/nouvel/nouvelle [nuvo/nuvɛl/nuvɛl]	neu
un panier [ɛ̃panje]	ein Korb
médiéval/médiévale [medjeval]	mittelalterlich

vieux/vieil/vieille [vjø/vjɛj/vjɛj]	alt
miniature [minjatyʀ]	Miniatur-
une spécialité [ynspesjalite]	eine Spezialität
la crème [lakʀɛm]	die Creme
pendant [pɑ̃dɑ̃]	während
un franc [ɛ̃fʀɑ̃]	ein Schweizer Franken
une terrasse [yntɛʀas]	eine Terrasse
un chocolat [ɛ̃ʃɔkɔla]	ein Kakao; eine heiße Schokolade
une vitrine [ynvitʀin]	ein Schaufenster
une boîte [ynbwat]	eine Dose, eine Schachtel
une langue [ynlɑ̃g]	eine Sprache

Station 2

un coup de téléphone [ɛ̃kudətelefɔn]	ein (Telefon)Anruf
seul/seule [sœl]	allein
tout/toute/tous/toutes [tu/tut/tu/tut]	ganz; alle
hyper [ipɛʀ]	hyper-, über-
bronzé/bronzée [bʀɔ̃ze]	gebräunt, braun
le surf [ləsœʀf]	das Surfen
surfer [sœʀfe]	surfen
nager [naʒe]	schwimmen
la mer [lamɛʀ]	das Meer
en été [ɑ̃nete]	im Sommer
une île [ynil]	eine Insel
un port [ɛ̃pɔʀ]	ein Hafen
La Rochelle [laʀɔʃɛl]	La Rochelle *(Stadt an der Atlantikküste)*
prochain/prochaine [pʀɔʃɛ̃/pʀɔʃɛn]	nächster/nächste/nächstes

Station 3

un blog [ɛ̃blɔg]	ein Blog
une colonie de vacances [ynkɔlɔnid(ə)vakɑ̃s]	eine Ferienkolonie

près de [pʀɛdə]	in der Nähe von
connaître [kɔnɛtʀ(ə)]	kennen
ce, cet, cette, ces [sə, sɛt, sɛt, se]	dieser, diese
voici [vwasi]	hier ist, hier sind
quelques [kɛlkə]	einige
une excursion [ynɛkskyʀsjɔ̃]	ein Ausflug
une tente [yntɑ̃t]	ein Zelt
la nature [lanatyʀ]	die Natur
un pique-nique [ɛ̃piknik]	ein Picknick
amoureux/amoureuse [amuʀø/amuʀøz]	verliebt
un mono/une mono [ɛ̃mono/ynmono]	ein Betreuer/eine Betreuerin
un collègue/une collègue [ɛ̃kɔlɛg/ynkɔlɛg]	ein Kollege, eine Kollegin
une chose [ynʃoz]	eine Sache

Station 4

une aventure [ynavɑ̃tyʀ]	ein Abenteuer
sans [sɑ̃]	ohne
un propriétaire/une propriétaire [ɛ̃/ynpʀɔpʀijetɛʀ]	ein Besitzer, eine Besitzerin
une péniche [ynpeniʃ]	ein Lastkahn
monter [mɔ̃te]	einsteigen
le sable [ləsabl]	der Sand
un palmier [ɛ̃palmje]	eine Palme
un batobus [ɛ̃batobys]	ein Batobus
il/elle sait [ilsɛ/ɛlse]	er/sie kann, er/sie weiß
un nageur/une nageuse [ɛ̃naʒœʀ/ynnaʒœz]	ein Schwimmer/ eine Schwimmerin
sauter [sote]	springen
l'aide *(f.)* [lɛd]	die Hilfe
tirer [tiʀe]	ziehen
le lendemain [ləlɑ̃dmɛ]	am nächsten Tag

un héros [ɛ̃ero]	ein Held
sauver qn [sove]	jemanden retten
bravo [bʀavo]	bravo
le quai [ləkɛ]	der Bahnsteig/*Hier*: das Ufer
offrir qc [ɔfʀiʀ]	etw. anbieten
sportif/sportive [spɔʀtif/spɔʀtiv]	sportlich
plusieurs [plyzjœʀ]	mehrere
le plus grand/la plus grande [ləplygʀɑ̃/laplygʀɑ̃d]	der größte/die größte
ouvert/ouverte [uvɛʀ/uvɛrt]	geöffnet
un programme [ɛ̃pʀɔgʀam]	ein Programm
spécial/spéciale [spesjal]	besonders
un terrain [ɛ̃tɛʀɛ̃]	ein Platz
un concert [ɛ̃kɔ̃sɛʀ]	ein Konzert

1. Wie lautet das Gegenteil? Gib es in der femininen und maskulinen Form an.

		Masculin	Féminin
nouveau	≠	____________	____________
moderne	≠	____________	____________
dernier	≠	____________	____________
le plus petit	≠	____________	____________

2. Die „verflixten" kleinen Wörter. Übersetze.

plötzlich ____________

seit ____________

am Rand von etwas ____________

während ____________

in der Nähe von ____________

am nächsten Tag ____________

3. Kennst du das Vokabular für die Sommerferien? Finde für jede Zeichnung das passende Wort.

a) ______________________

b) ______________________

c) ______________________

d) ______________________

e) ______________________

f) ______________________

g) ______________________

h) ______________________

4. Ergänze den Text mit folgenden Wörtern.

randonnée – préparer – tour – pendant – nager – chocolat – palmiers – plages – montagnes

__________ les vacances, je vais faire le __________ de la Suisse en vélo. Je vais aussi faire une __________ dans les Alpes. On va __________ un bon pique-nique avec du __________ suisse. On va aussi __________ dans les lacs. Dans les __________, on trouve des jolies __________ de sable, mais pas de __________!

5. Suche sieben Wörter im Buchstabengitter und markiere sie. Vervollständige dann die Sätze.

B	O	U	G
V	L	M	A
A	Y	O	U
C	M	N	G
A	E	O	E
N	T	A	S
C	R	V	A
E	N	E	P
S	A	N	S
P	T	T	T
E	U	U	E
T	R	R	N
I	E	E	T
R	I	R	E

a) C'est bientôt les __________!

b) Quelle __________!

c) On a dormi sous la __________.

d) __________ le pique-nique, on va avoir faim!

e) J'aime la __________ et le __________!

f) Les photos sont sur mon __________.

Lösungen

Unité 1

1. a) une règle; b) un livre; c) une gomme; d) un classeur
   e) une trousse; f) un crayon; g) un cahier
2. **un stylo** à la maison de la presse.
   un croissant à la boulangerie.
   un lapin au restaurant.
   un éléphant à la pharmacie.
   un chat dans le parc.
   Das Wort «un éléphant» passt nicht zum Ort.
3.

Deutsch	Französisch
ein Bonbon	un bonbon
ein Croissant	un croissant
ein Vulkan	un volcan
ein Elefant	un éléphant
die Post	la poste
ein Kino	un cinéma
ein Park	un parc
ein Café	un café
eine Mediathek	une médiathèque
ein Restaurant	un restaurant
ein Ball	un ballon

Ich beobachte, dass viele Wörter im Deutschen und Französisch ähnlich sind.

4. un lapin; deux éléphants; trois crayons; cinq croissants; six chiens.
5. a) Wie begrüßt du einen Lehrer? ☒ Bonjour, monsieur!
   b) Wie fragst du Pierre, wie es ihm geht? ☒ Ça va?
   c) Was sagt Pierre, wenn es ihm gut geht? ☒ Ça va, merci.
6. Le sac à dos: un livre, un cahier, une trousse, un feutre, un crayon, une règle, un stylo, une gomme, un effaceur, un classeur.

Unité 2

1. individuelle Lösung
2. Les gens: une dame, une fille, un monsieur, un garçon
3.

- Bonjour, **ça va**?
- Oui, ça va, **merci**!
- Je **m'appelle** Elise, et toi?
- Moi **c'est/je m'appelle** Pierre.
- Tu habites **à** Paris?
- Non, **je suis** de Toulouse.
- Bonjour le chien, tu **t'appelles** comment?
- C'est Choupette. Elle est aussi de **Paris**.

4. a) un chien; b) bizarre; c) un chat; d) vite; e) pardon!
   f) moi; g) un copain
5. une fille ≠ un garçon   un monsieur ≠ une dame
6. a) gris; b) vert; c) rose; d) orange; e) marron

Unité 3

1. + 2.: individuelle Lösungen

3. Les activités: la musique, le foot, le rugby, le vélo, la gym.
4. a) Elle écoute de la musique. b) Elle travaille.
5. chercher qc/qn, regarder qc, parler avec qn, écouter qn/qc, arriver, trouver qn/qc, travailler, porter qc, entrer, habiter, aimer qn/qc, détester qn/qc.

Unité 4

1. La famille: ma mère, ma sœur, ma grand-mère, mon père, mon frère, mon grand-père.
2. individuelle Lösungen: «c'est le …»; «J'ai …»
3. d'abord; aujourd'hui; demain; maintenant; ou; bien sûr; bientôt; toujours
4. Kreise mit «un»: un chat, un père, un ordinateur
   Kreise mit «une»: une cousine, une surprise, une photo
   Kreise mit «des»: des chiens, des filles, des idées

5. Mit -s: s'il te plaît; sœur; son/sa/ses; souffler; surprise; s'appelle
6. un gâteau/des gâteaux; un cadeau; bientôt; allo?; un jeu vidéo
7. ja**n**vi**e**r *Januar*
ma**r**s *März*
f**é**vr**i**er *Februar*
ma**i** *Mai*
d**é**c**e**mbr**e** *Dezember*
n**o**ve**m**br**e** *November*
jui**n** *Juni*
s**e**pt**e**mbre *September*
avr**i**l *April*
oc**t**o**b**re *Oktober*
aoû**t** *August*
j**u**il**l**et *Juli*

Unité 5

1.
- Bonjour! Le **cours** d'allemand commence à quelle heure?
- A huit **heures**.
- Tu **es** en 6ᵉ A?
- **Non**, je suis en **sixième** B.
- Qu'est-ce qu'il y a à la **cantine** aujourd'hui?
- **Il y a** du poulet (Hähnchen) et des frites (pommes).
- Qu'est-ce que tu **fais** après la cantine?
- Je travaille, au **CDI** j'ai une **interrogation** demain!
- On fait nos **devoirs** ensemble?
- D'accord. Salut!

2. a) devant; b) sur; c) derrière; d) sous; e) dans
3. a) Il est midi. b) Il est deux heures moins le quart.
c) Il est une heure et quart. d) Il est une heure et demie.
e) Il est six heures.
4. L'école: un collège, un/une élève, un professeur, la récréation, l'emploi du temps, un gymnase, une interrogation, un exercice, les devoirs.
5. m**a**rd**i** *Dienstag*
j**e**u**d**i *Donnerstag*
s**a**m**e**di *Samstag*
v**e**nd**r**edi *Freitag*
l**u**n**d**i *Montag*
mer**c**re**d**i *Mittwoch*
d**i**ma**n**c**h**e *Sonntag*
6. individuelle Lösung

Unité 6

1. individuelle Lösung

2. Mon appartement: la salle de bain, la chambre de mes parents, les toilettes, le salon, ma chambre, la cuisine, l'entrée.

3. a) Je **fais** du judo **l'après-midi**.
b) J'ai soif, je **voudrais** bien **un jus de pomme**.
c) **Comment** est-ce que tu vas **à la piscine**?
d) Je **vais** toujours à **pied**.
e) Où est-ce que tu **habites**? Dans **une maison** ou dans **un appartement**?

4. Je fais de la musique / de la danse / de la gymnastique / de la natation.
Je fais du judo / du sport / du théâtre / du foot / du roller.
J'écoute des CD. / Je joue au foot.
Je regarde la télé / un film. / Je joue de la guitare.

5. la journée ≠ la nuit; à droite ≠ à gauche; le matin ≠ le soir; une réponse ≠ une question; un client ≠ un vendeur
C'est trop bien! ≠ C'est trop nul!

Unité 7

1. La fête: un bal, danser, un feu/des feux, un chanteur, une robe

2. + 3.: individuelle Lösungen

4. a) C'est l'anniversaire de mon copain.
b) Je fais la fête avec mes copains.
c) Nous faisons de la musique, dansons et chantons.
d) Maman a préparé un gâteau et des cocas.

5. premier ≠ dernier/dernière; content ≠ triste; grand ≠ petit/petite; bon ≠ mauvais/mauvaise

6. danser, aller chercher, rigoler, rester, oublier qc; donner qc à qn, aider qn, demander qc à qn, montrer qc à qn, parler à qn

Unité 8

1. Chère mamie,

   je suis à Paris. Il fait beau. Il fait chaud. J'ai visité la tour Eiffel. C'est super! Les Champs Elysées sont fantastiques. Mais Paris est cher. A bientôt, bisous

2. cher ≠ gratuit/gratuite; chaud ≠ froid/froide; faux ≠ vrai/vraie; au nord de ≠ au sud de; peu de ≠ beaucoup de

3. une **i**nf**o**r**m**ati**o**n: *eine Information*

   une ex**pl**icat**i**o**n**: *eine Erklärung*

   une b**o**ut**i**q**u**e: *ein Ladengeschäft*

4.

- Bonjour, madame!
- **Bonjour**! Vous désirez?
- Je cherche **un souvenir** de Paris.
- Oui, nous avons par exemple une petite tour **Eiffel**.
- Ça **fait/coûte** combien?
- Elle coûte dix **euros** et **cinquante** cents.
- Dommage, c'est trop **cher**.
- Et le petit Arc de **triomphe**?
- Il coûte **six** euros.
- D'accord, voilà six **euros**.
- Merci, monsieur et au **revoir**.
- **Au revoir**, madame.

5. a) Il fait beau. b) Il fait mauvais. c) Il fait chaud.

   d) Il fait froid. e) Il pleut. f) Il neige. i) Il y a du vent.

Unité 9

1. nouveau ≠ vieux/vieille; moderne ≠ médiéval/médiévale dernier ≠ prochain/prochaine; le plus petit ≠ le plus grand/ la plus grande

2. tout à coup; depuis; au bord de; pendant; près de; le lendemain.

3. a) un pique-nique; b) une tente; c) une péniche; d) une plage e) une randonnée; f) un port; g) un musée; h) le surf

4.

Pendant les vacances, je vais faire le t**our** de la Suisse en vélo. Je vais aussi faire une **randonnée** dans les Alpes. On va **préparer** un bon pique-nique avec du **chocolat** suisse. On va aussi **nager** dans les lacs. Dans les **montagnes**, on trouve des jolies **plages** de sable, mais pas de **palmiers**!

5.

B	O	U	G
V	L	M	A
A	Y	O	U
C	M	N	G
A	E	O	E
N	T	A	S
C	R	V	A
E	N	E	P
S	A	N	S
P	T	T	T
E	U	U	E
T	R	R	N
I	E	E	T
R	I	R	E

a) C'est bientôt les **vacances**!

b) Quelle **aventure**!

c) On a dormi sous la **tente**.

d) **Sans** le pique-nique, on va avoir faim!

e) J'aime la **nature** et le **mono**!

f) Les photos sont sur mon **blog**.

Annotations